U0023200

→我們在動畫中看到的合體機械人，通常就像右圖一樣，用噴射引擎減少衝擊再結合。

但既然是由金屬製作，機械人就有機會被噴射引擎產生的高熱熔化。就算能夠在合體前一刻熄掉引擎，金屬都會因為受熱而有1%左右的膨脹。如果設計不當，很容易產生龜裂。

太空站是合體的機械。因為它是在無重力的環境上進行合體，所以風險較少。

而且，當兩部機體接近時，後方的機體會因為空氣阻力減少而加速。一旦沒有控制好，很容易會就產生相撞的危險。雖然理論上，機械合體是可以做到的，但所承受的風險與實際作用不成正比，所以現實中沒有人去製作。

Robot的起源

Robot 一詞，源於 1920 年代的捷克音樂劇《R.U.R》（Rossum's Universal Robots）。在捷克語中，Robot 原意是「勞動者」，是劇中機械人的代稱。後來人們將之化為英語，引申出「機械人」的意思。

《R.U.R》故事簡介：
在未來某個孤島上，有一所被稱為「R.U.R」的機械人工場，生產一些有思考能力的機械人。這些機械人一直為人類服務，但卻沒得到相應的權利和回報，最終機械人決定起義，將不靠自己雙手工作的人類全部消滅。

→雖然《R.U.R》海報上印有機械人，但實際設定上比較接近生化人。

說到底… 機械人究竟是甚麼？

Robot其實泛指所有可以代替人類工作的機械或裝置。雖然中文稱之為「機械人」，但它們其實並不一定是人型。根據其特性，我們可將之分為兩大類。

專為生產而設的機械人

能夠自動、連續地執行一些指定動作，可以代替人類工作的機械人。舉例如生產汽車時，負責焊接金屬部件的機械臂，都屬於機械人的一種。

Photo by KUKA Systems GmbH

模仿既有生物形象的機械人

模仿人類或其他生物的機械。它們是科幻作品中的常客，例如高達、R2-D2，都是著名的科幻機械人。而在現實世界中，亦有一些機械犬、機械管家等以玩樂為主的機械人。

若從功能性來分類的話，機械人則可分為「代替人類」及「協助人類」兩種。詳細可以參考下圖：

- 代替人類
  - 在危險環境工作 → 例如：火星探索機械人
  - 做重複或精細的工作 → 例如：工業用機械人
- 協助人類
  - 管理家居 → 例如：掃除機械人
  - 享受生活 → 例如：機械寵物

這些機械人都有一個特點，就是以單一功能為主。例如懂得下圍棋的，不懂搬重物；懂得搬重物的，不懂下圍棋。未必像人類般能夠同時處理多項工作。

機械人的原則

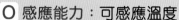

日本經濟產業省亦明確指出，必須同時具備感應能力、AI智能控制及活動關節才能歸類為機械人。所以雪櫃、電視最多只屬於機械，不能當作是機械人。

雪櫃

O 感應能力：可感應溫度

X AI智能控制：沒有

X 活動關節：沒有

掃除機械人

O 感應能力：可感應空間

O AI智能控制：懂得避開阻礙物

O 活動關節：可以四處移動

你家中有掃除機械人嗎？

機械人三定律

機械人三定律（Three Laws of Robotics）是科幻小說家以撒·艾西莫夫（Isaac Asimov）提出的機械人守則，主要用於自己的小說內，但後來亦被其他作家所採用及編改。三定律基本如下：

① 機械人不得傷害人類，或對人類受害坐視不理；

② 機械人必須服從人類命令，除非命令與第1定律有所衝突；

③ 在不違背第1或第2定律的情況下，機械人可以保護自己。

這三大定律原意是防止機械人背叛人類，但實際上卻有很多灰色地帶。例如，機械人是否要無條件聽從犯罪者或小童的命令？若多人遇害，又應該先救誰人？

為了解決這些問題，後來增加第0定律：「機械人不得傷害整體人類，或坐視整體人類受到傷害。」

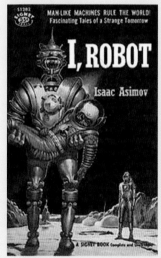

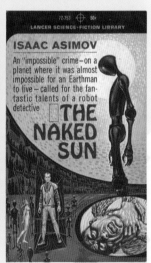

↑以撒的作品《智能叛變》（I, robot）曾改編成電影。

現今AI智能在某些領域（例如下圍棋），已經發展到比人腦更強。當機械人擁有媲美人類的智能時，人類又能否繼續掌控它們？這是一個值得深思的問題。

機械人的起源就是前面所講的舞台劇嗎？

其實關於機械人的概念，早在神話時代已經存在。

機械人發展史

神話時代

希臘神話中提到的金屬巨人塔羅斯可說是機械人的先驅。相傳塔羅斯以青銅鑄造，全身只有一根血管，讓體內的神血運行全身。雖然所向無敵，但最終因為被刺破膝蓋，失血過多而死。

↑有說塔羅斯是俊美青年，也有說是牛型機械人。

公元前4世紀

列子在寓言故事《偃師獻技》中描寫了一具能歌善舞的機械木人。而古希臘著名學者亞里士多德在其作品《政治學》中亦提到：「如果每個機械都各司其職，服從人類的指令和計劃，那麼我們就不再需要工人和奴隸了。」

亞里士多德的雕像。→

12世紀

相傳教會聖師大阿爾伯特，曾以鍊金術製造了一個機械人。

1495年

達文西設計出一具機械人。雖然未肯定當年他有否將之製作出來，但根據他的手稿，這具機械人可以做出舉手等簡單動作。

←後人所造的仿製品。

1739年

法國發明家沃康松，製造了一隻機械鴨。該鴨子全身有400多個可動關節，可以做出拍翼、進食及排洩等動作。

1796年

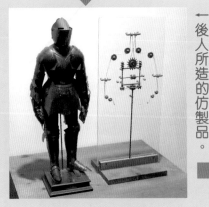

日本發明家細川半藏編寫《機巧圖彙》，詳細講解送茶機械人「機巧人形」的構造。

1921年

出現「Robot」這個詞語。

1926年

美國西屋公司開發名為「Televox」的機械人。雖然完全不能活動，但卻可以通過電話訊號，回答人類的説話。

←人型只是單純外觀裝飾。

1928年

英國做出了能站立和坐下來的機械人「Eric」，而同一時間，日本也製作了表情豐富的巨大機械人「學天則」。

→學天則。

1961年

世界第一個工業用機械人「Unimate」在美國發售。

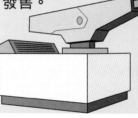

主要負責製造汽車的焊接工作。

1980年

以自動感應逃出迷宮的機械老鼠成為熱潮，個人以至企業都爭相開發。間接推動了「機械人」玩具的普及與發展。

1992年

波士頓動力公司（Boston Dynamics）成立。該公司其後開發出四足步行型機械人，技術領導全球。

1999年

SONY推出機械犬「AIBO」。因其大受歡迎，家用娛樂機械人在之後應運而生。

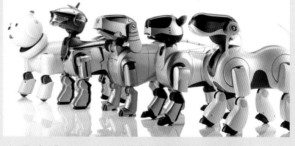

↑現時「AIBO」已進化成多個不同版本。

2002年

機械人競技大賽「ROBO-ONE」在日本舉辦。對戰雙方必須開發出自己的二足步行型機械人，誰先推倒對方的機械人就是勝者。

2017年

香港開發出機械人「Sophia」，她擁有人工智能，可以模仿人類的手勢和表情，並能夠與人交談。其後她更被授予沙地阿拉伯公民身份，成為世界上第一個擁有國籍的機械人。

2020年

日本Toyota開發出T-HR3機械人，它可以完全反映操縱者的動作。

生活與機械人

雖然機械人聽起來很科幻，但其實早已滲透於我們日常生活當中。

工業用機械人

現時工業用機械人，主要用於製造汽車或電子零件。根據國際標準化組織（ISO）定義，它們必須擁有3軸以上的可動性，並且能夠自動運作及可以人手設定動作，才能算是工業用機械人。

事實上，在製造汽車過程中，工人除了要搬運重物，還要面對吸入油漆、高熱焊接等危險，所以改用機械人製造，就能減少工人的風險。而電子零件講求精準微細的製作，用機械人可確保產品的品質。

工業用機械人的種類

工業用機械人可大致分為4大類：

焊接及塗裝系

一般通稱機械臂。主要用於汽車、飛機及家電等製作。

搬運及包裝系

主要負責上螺絲、搬運紙箱等工作。

檢查系

用於檢查產品質素等不同範疇的工作，大部分只能水平移動。

清潔系

常見於醫療及食品加工工場。

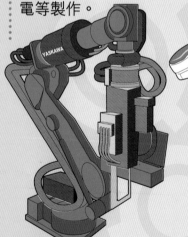

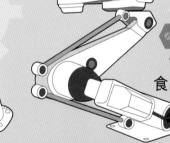

自動化的工業

據估計，到達2021年的時候，全球將有378萬8千台工業用機械人在運作。屆時大部分工業，包括物流等都會交由機械人去處理。

←你的父母最近有網購嗎？一些大型網購公司是使用機械人來分貨及搬運的呢！

家居機械人

其實大家屋企都可能有機械人喔！

第一個家居機械人

史上第一個家居機械人，是在1982年推出的 HERO（Heathkit Educational Robot），它具備光、聲音及聲納探測器，並可透過輪胎移動。當無人在家時，若它檢測到可疑物件移動，就會啟動家中防盜系統，是第一代看家機械人。

→初代HERO。該系列一直推出到2007年才停產。

最普及的家居機械人

最普及的當然就是掃除機械人了。事實上開發出第一台掃除機械人的公司，原先是開發清掃地雷的軍用機械人，但後來它將技術應用在家居掃除之上，開發出Roomba，2002年推出後隨即廣受歡迎，不少廠商也爭相開發。至今，Roomba已售出超過1500萬部，絕對是最多人擁有的機械人。

→甚至有人將Roomba改裝，用於藝術繪圖。

Photo by Susan:Spirograph

社交機械人

※關於IoT的詳細資訊，可參看《兒童的學習》第26期及第36期。

社交機器人即可以自主與人類進行互動或溝通的機械人，著名的機械犬AIBO亦屬社交機械人的一種。而隨着IoT的發展，可以理解我們的說話，並協助我們控制家電的機械人管家變得愈來愈重要。

除了AIBO，還有不少著名的社交機械人啊。

ASIMO

史上第一部用雙腳行走的機械人。早於1986年已經秘密開發，但到了2000年才公開亮相。為了取得研究數據，ASIMO暫時只在美國太陽能發電站做除草工作、協助消防隊搬運材料，未有公開民間使用。

↑我們平時輕易步行，是因為腦袋不斷調節我們的平衡感。但要讓機械人雙腳行走而不絆倒，是很不容易的事。

Pepper

Pepper於2015年公開發售，1分鐘內就售出了1000部，成為了不少商場、酒店必備的櫃檯機械人。而今年Pepper更進軍家居成為大家的管家，除可操縱一般家電外，還可以協助教育孩子。

→若你想擁有Pepper，得先付14200港元購買，並每月繳付2000港元服務費。

RoBoHoN

細小的電話機械人，擁有所有智能電話的功能，同時可以站立移動，並學習與人溝通。說不定未來智能電話都會變成這樣子。

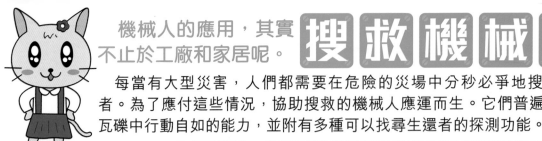

機械人的應用，其實不止於工廠和家居呢。

搜救機械人

每當有大型災害，人們都需要在危險的災場中分秒必爭地搜尋生還者。為了應付這些情況，協助搜救的機械人應運而生。它們普遍具有在瓦礫中行動自如的能力，並附有多種可以找尋生還者的探測功能。

防災監察機械人

日本開發的搜救機械人，用以取得災害現場的影像並檢測放射線濃度。但是，在2011年日本福島核電廠意外中，證實了它的履帶未能在散亂的瓦礫中行動自如。

←傳統履帶能應付斜坡。

Quince

防災監察機械人的失敗之後，人們更重視搜救機械人的開發。其中Quince的可變履帶就在災場中大顯身手。它不但能夠在重重瓦礫上前進，還可以全方位記錄自己四周的景象。

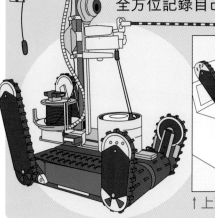

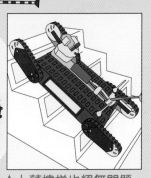

↑上落樓梯也絕無問題。

軍事機械人

正如掃除機械人的技術沿自掃雷機械人一樣，最先端的科技很多時都來自軍備的發展。以下就是兩個比較有名的軍事機械人。

PackBot

因為重量只有30公斤，可讓士兵背負上戰場，而得到背包機械人（Pack-Bot）的名稱。它可以在複雜地形上靈活移動，肩負探測、搜救、處理炸彈等多項任務。

→平時可以背起來。

Big Dog

四足步行型機械人，用以協助士兵運送物資。能夠在汽車不能通過的惡劣地形上，背負180公斤的貨物以時速30公里前進。但由於引擎聲音太大，容易被敵軍發現，最終沒有投入戰場。

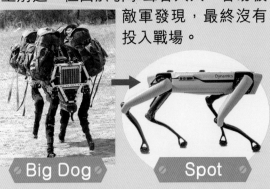

Big Dog　　　Spot

↑後來生產商以同樣技術，製作出「Spot」機械人，供一般人購買。

警衛機械人

由中國開發的安保（AnBot）會跟指示進行巡邏，若發現異常情況會馬上通知警衛室。在危險情況下，警衛室更可遙控機械人使用電叉制伏敵人。

↑外國亦有不同款式的警衛機械人。

宇宙開發機械人

雖然算是機械人的一種，但宇宙開發機械人一般會用「Rover」（宇宙探測車）來稱呼。最新的宇宙探測車 Perseverance 將於今年前往火星收集生物數據，預計會在火星上停留一年（火星一年相等於地球的687日）。

↓現時NASA正請大家教導Perseverance如何分辨火星的石頭和砂石。只要你登入「https://www.zooniverse.org/projects/hiro-ono/ai4mars」就能幫手指導！

手術機械人

能夠協助醫生進行手術的機械人。擁有精密的手臂和內視鏡頭的它主要負責執行微創手術，減低病人承受開刀的風險。與其他機械人不同的是，它全由人手操作。

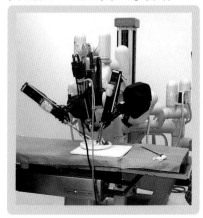

機械人未來的發展

「機械人等於金屬」的歷史很快就會被改寫。哈佛大學正在開發一款名為「octobot」的章魚機械人，如果研究成功，這款機械人將會是世上第一個完全柔軟、可自主活動，並且不需要外接任何線路的機械人。

它的身體以矽膠（silicone）製作，能以體內的氣體動力推動觸手擺動，在液體中游動。不少科學家認為這個機械人，將來能在醫療的發展上起重要的作用。

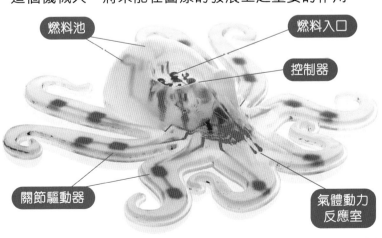

燃料池　燃料入口　控制器　關節驅動器　氣體動力反應室

機械人的趣聞

時至今日，機械人已經不再是只出現於科幻作品中的角色，在不少新聞中，也有機械人的身影，而且當中不乏有趣的事件呢。

日美機械人大戰

KURATAS	
製作年份：2012年	
全高：4米	
重量：4噸	
最高時速：29 km/h	

日本水道橋重工於2012年製作出首部可以載人的巨大機械人「KURATAS」。2年後，美國的MegaBot亦製作出巨大機械人Mark II，並同時向水道橋重工下戰書，相約展開一場機械人大戰。

VS

MegaBot Mark II / III	
製作年份：2014年	
全高：4.8米	
重量：12噸	
最高時速：16 km/h	

但由於機體的重量問題，所以很久才找到合適的對戰場地。雙方備戰多年，最終在2017年實現對戰。雖然KURATAS輕易擊敗MegaBot Mark II，但卻敗給MegaBot Mark III。最終KURATAS以1勝2敗，輸給MegaBot。

巨大機械人的背後

KURATAS在這之後，參與了電影《機動警察》的演出。而MegaBot則主要活躍於其YouTube頻道，但公司最終於2019年宣布破產，為了償還債務，他們把 MegaBot Mark III 放在Ebay上出售，最終以17萬美金成交。

←MegaBot的負責人其後於YouTube上解釋機械人的對戰過程，其實是按事前安排的劇本來製作。

→《機動警察》真人電影版。

機械人競技綜藝節目

其實不少外國電視台都有製作機械人競技節目，喜歡機械人的你可以找來看看！

BattleBots

著名的美國電視節目，由2000年開播至今，已經推出了9季。對戰雙方需要遙控機械人，於充滿陷阱的場內對戰。若其中一方被攻擊至不能移動，則算落敗。

↑ BattleBots甚至有推出玩具套裝。

Robot Wars

由BBC製作的機械人競技節目，該節目從1998年開始已經啟播，直到2018年才告結束。除了機械人對戰外，還有遙控機械人勇闖機關的環節。

↑ 機械人的對戰相當激烈，常常花火四起。

你也可以製作機械人！

香港有定期舉辦「廢柴機械人大戰」（Hebocon），它是一個專門給沒有專門技術人士參加的入門級機械人比賽。透過比賽，你可以認識更多機械人同好，並吸收經驗，向製作機械人的道路邁進。

當你技術成熟後，就可以參加由美國勞倫斯理工大學舉辦的ROBOFEST機械人大賽，他們每年都會舉辦香港區比賽，希望參賽者可以設計出完美的智慧型機械人來完成各項比賽任務。

機械人齊打氣！

受到疫情影響，日本的棒球比賽現時還不能讓觀眾入場觀看，為了提升場內的氣氛，福岡軟銀鷹隊就使用了多台「Pepper」和「Spot」協奏一首打氣歌，為球員加油！場面令人讚嘆！

厲河老師的 實戰寫作教室

實戰寫作教室 語文

在這個專欄中，我會批改讀者寄來的短篇故事，希望能讓大家從中學習如何寫作，提高創作故事的能力。

不過，寫作風格千變萬化，不同的人可以有不同的寫法。所以，我的批改也很個人化，不過可以說是「厲河式」的改法，並不表示一定要這樣寫才正確，大家拿來參考參考就行了。

花語 ｜ 小作者 / 張逸穎（12歲）

在一幢房子的陽台上，種滿了美輪美奐的花卉，有玫瑰、向日葵、蝴蝶蘭……①它們各自②都為自己的美姿和優雅的花語而驕傲，經常③搔首弄姿地炫耀自己。

④後唯獨在角落的秋海棠沉默寡言，因為它的花語帶有貶⑤義的象⑥自徵，發現這點的玫瑰開始嘲笑秋海棠，久而久之，她成了眾花取笑的對象。

「為甚麼你的花語那麼『特別』？」

「為甚麼你長得那麼矮，不像我們那般美麗且芳香？」

花兒們每天都不斷地⑦嘲弄為難秋海棠，無助的秋海棠雖然⑧感到委屈，但它無計可施，只好啞忍，期盼着雨過天晴的美好日子來臨。

日復日，夜復夜，經歷了無數的陰天，終於，太陽從烏雲的背後露⑨蛋出臉兒來。

那是一個秋風送爽的季節，大地換上了金黃色的禮裝，準備迎接冬日⑩的來臨。

陽台上的花朵早已凋零，剩下光禿禿的椏枝瑟瑟發抖，但秋海棠卻截然相反，長出來的海棠花枝葉扶疏，密密麻麻地聚在一起，變成了一束花球，還散發着陣陣清幽的香氣，教人讚歎不絕。

這時，花兒們的主人⑪愁眉不展地哼着輕快的小調走進來，⑫她掃視陽台一遍⑬了，⑭然後她走到陽台的角落，蹲在隨風搖曳的海棠花面前，撫摸着它的枝葉，⑮一邊⑯一邊輕輕細訴⑰輕聲說道：「⑱秋海棠啊秋海棠，⑲你想不到會有花在⑳仍然這季節綻放，還要這麼美，你真堅強啊！相思雖苦，我也要向你學習呢！」秋海棠彷彿有一股魔力能讓人的煩惱一掃而空，它的主人展露出難得一見的微笑。

說着說着，她竟展露出難得一見的微笑，

從前取笑秋海棠的花卉看得目瞪口呆，一株小小的秋海棠竟能令平常愁眉苦臉的主人笑得那麼甜，這令它們都感到慚愧，不好意思再取笑非常嬌小的秋海棠。

除了「相思草」和「斷腸花」之外，它還有「八月春」的含意呀。⑲

誰説秋海棠的花語只有貶義的意思呢？ 其實它還代表着幸福快樂。 要怎樣看它只在乎你的想法。 怎樣想而已 ⑳ 所以說，

① 省略「各自」後意思也一樣，而且讀得更順。

② 刪了後面的「自己」，加上「搔首弄姿」就更有擬人化的效果了。

③ 由於前面已用過「自己」，為免重複，刪之。

④ 「帶有貶義」已可，故刪掉「的象徵」。

⑤ 後面已有「秋海棠」，這樣改一改，就更簡潔了。

⑥ 委屈是一種感受，在前面宜加上「感到」。

⑦ 這裏不改也無妨，但改成「臉蛋」會更形象化。

⑧ 純粹是節奏問題，加了「的來臨」可加強句子的節奏感。

⑨ 後面説主人常常愁眉苦臉，這裏説她「哼着輕快的小調走進來」是前言不對後語，故改之。

⑩ 把「她」加在這裏，是想讓讀者在主人的兩個動作——「走進來」和「掃視」——之間稍作停頓，令主人的動作顯得更合理和自然。

⑪ 「然後」除了起着連接的作用外，在此還起着稍為拖慢一下節奏的作用。

⑫ 「一邊……一邊……」可以加強這場戲的意境，令讀者更易代入主人的心理狀態中去。

⑬ 在這裏，「細訴」比「説道」更能表達出主人的心境。

⑭ 既然是「細訴」，對白就要寫出「細訴」的感覺。

⑮ 用人稱代名詞「你」，擬人化效果就更強了。

⑯ 前面用了「你」，這裏就須要加上「仍然」。

⑰ 作者一直沒有説秋海棠的花語是甚麼，是本故事的最大缺失。所以，在此先加上「相思雖苦」，以便與後面的「相思草」相呼應。

⑱ 「説着説着」起着類似連接詞的作用，又可拖慢一下節奏，讓讀者更易入戲。此外，把「難得一見的微笑」緊接對白之後，更合乎「戲」的順序。

⑲ 回應⑰的「相思雖苦」，道出秋海棠的多種含意作結，以補本故事的最大缺失。

⑳ 秋海棠有代表「幸福快樂」的意思嗎？如沒有，應刪掉。

作者的文筆相當不錯，故事前半只須略作修改就可以了。此外，以花語去道出一個人生哲理，是頗為優雅的嘗試，值得一讚。不過，作者應該直接或間接清楚說出秋海棠的花語是甚麼，否則讀者難以理解作者的意圖呢。

快點把你的故事寄來吧！

一經刊登可獲贈正文社網站購物現金券HK$300元。

投稿須知：
※短篇故事題材不限，字數約500字之內。
※必須於投稿中註明以下資料：
小作者的姓名、筆名（如有）及年齡，家長或監護人的姓名、地址及聯絡電話。
※截稿日期：2020年8月21日。

投稿方法：
郵寄至「柴灣祥利街9號祥利工業大廈2樓A室」《兒童的學習》編輯部收；或電郵至editorial@children-learning.net。信封面或電郵主旨註明「實戰寫作教室」。

機械人狂想曲

機械人玩具也智能化？究竟我們的未來會被機械人取代嗎？

Ⓐ LEGO Ninjago 黃金機甲 71702　1名

為拯救忍者城市，黃金忍者Lloyd跳進黃金機甲的駕駛艙，與敵人正面交戰。

Ⓑ SILVERLIT 戰鬥機械人兩隻裝　1名

有訓練、挑戰及對戰三種模式。當熟習基本技巧後，即可進行對戰。

Ⓒ 角落生物手挽袋　1名

容量特大，可放A4尺寸的物品。

Ⓓ 智能遙控貓　1名

它是紅外線遙控智能貓莎莎，會唱歌、跳舞，也會與你進行數學或常識問答。

Ⓔ FAST LANE 閃光遙控特技車　1名

配置會發光的輪胎，具有360度旋轉及直立行駛的功能。

Ⓕ LEGO DOTS 首飾寶盒 41915　1名

擁有一個專屬自己的珠寶盒是每個女孩子的夢想。

Ⓖ 4M 混能陸上機械人　1名

這是一台光電混能機械人，在沒有陽光時，還可用電池供電。

Ⓗ Star Wars Rogue One 3.75吋人偶模型系列　2名（隨機獲得其中一款）

有黑武士和神秘少女Rey兩款，各自配備不同武器或裝備。

Ⓘ 紙箱戰機 LBX組裝模型　1名

關節可動的小型戰鬥機械人，快來組裝吧！

第52期得獎名單

Ⓐ	LEGO City太空科研專員城市人物套裝 60230	陳朗謙
Ⓑ	勝在有腦兒童版2	王如玉
Ⓒ	反斗奇兵三眼仔升空	卓以諾
Ⓓ	魔力橋數字牌遊戲旅行裝	周芊柔
Ⓔ	樂高小動物迷飾盒連相插 41904	李婕妤
Ⓕ	星光樂園舞台套裝+角色補充裝	陳天悠
Ⓖ	點心到！	吳韻兒
Ⓗ	ZGMF-1001/M 烈火渣古幻影	陳尚賢
Ⓘ	Crayola 魔法填色本冰雪奇緣	伍沛瑩

第50期得獎者
賴裕峯

大偵探福爾摩斯

SHERLOCK H M博士外傳

⑪ 煙斗的秘密

奧斯汀·弗里曼＝原著　　厲河＝改編

陳秉坤＝繪　　陳沃龍、徐國聲＝着色

愛德蒙·唐泰斯
年輕船長。因冤罪而被囚於煉獄島。

福爾摩斯 精於觀察分析，曾習拳術，是倫敦最著名的私家偵探。

上回提要：

　　年輕船長唐泰斯被誣告入獄，逃獄後設局令見死不救的鄰居裁縫鼠被判死刑。及後，他查得仇人唐格拉爾與費爾南曾合作謀財害命，最終更反目成仇。費爾南為逃避警方追捕，化名傑弗利在一燈塔當看守員，而唐格拉爾也化名托德為逃亡而顛沛流離。於是，唐泰斯化身成神甫，假意推薦唐格拉爾前往燈塔替補空缺，令他與費爾南在燈塔中作困獸鬥。一番惡鬥後，費爾南把唐格拉爾推下燈塔，並弄沉小船製造海難假象。唐泰斯在遠處的輪船上目睹經過，於是命手下的拖網船撈起唐格拉爾的屍體運到港務局碼頭。與此同時，他以法醫桑代克的身份結識了港務局的李船長，在驗屍後，還與李船長兩爺孫一起到燈塔作實地調查。桑代克在燈塔客廳發現一個煙斗架，更在其中一隻煙斗上看出了端倪。於是，他走向圍廊查看⋯⋯

　　「唔？」他一進入圍廊，馬上就注意到欄杆有些部分髹上了新的**油漆**。此外，他也看到牆邊放了一堆**沙包**，當他正想上前去看時，傑弗利卻馬上走了過來，以充滿懷疑的語氣試探：「先生，你很**面善**，我在哪裏見過你嗎？」

　　桑代克赫然一驚，但迅即鎮靜下來，並答道：「是嗎？我倒沒甚麼印象。」

　　「怎麼說呢？你讓我想起了一個失散多年的**老朋友**，他是個水手，名字叫──」傑弗利說到這裏，突然止住，並狠狠地盯住桑代克。

　　「叫甚麼？」桑代克眼底閃過一下寒光，反問。

　　「叫唐泰斯！」

「唐泰斯？嘿嘿嘿，你是否太想念老朋友，變得**日有所思夜有所夢**？」桑代克**語帶雙關**地冷笑道，「我是蘇格蘭場的法醫，跟罪犯打交道比較多，覺得我面善可不太吉利啊。」

傑弗利一聽到「**罪犯**」二字，臉上閃過一下痙攣，為了掩飾自己的慌張，他連忙假笑幾聲說：「哈哈哈，先生，你真懂得開玩笑。」

桑代克微笑不語，他知道，靜默有時會形成一種**壓力**，令人為了打破沉默，不期然地吐露更多。

果然，傑弗利按捺不住，又問道：「沒想到一個燈塔看守人的失蹤，也會驚動你們蘇格蘭場呢。」

「嘿嘿嘿，**人命關天**嘛，不管貧富，都是我們的份內事。」桑代克笑道，「不過，來調查這起案子只是個偶然，我今天剛好去找李船長聚舊，他就叫我順便來看看了。」

「原來如此。」傑弗利**若有所思**地點點頭。

這時，史密斯走了出來，看樣子已和老船長談完了。

桑代克趁機走開，裝作**若無其事**地回到客廳去。他知道，自己的易容術雖然接近完美，但費爾南的直覺已響起了警號，與他再談下去，難保會被他**識穿**自己的真正身份。

回到客廳後，猩仔馬上跑過來，急不及待地問道：「桑代克先生！你剛才拚命問**煙斗**的事，已問出了甚麼嗎？」

「嘿，你真聰明。」桑代克讚道，「確實已問出了一些疑點，特別是中間和左邊第二隻。」

「啊？據史密斯先生說，那兩隻都是**傑弗利**的，難道你懷疑

他？」老船長有點緊張地問。

「暫且擱下結論不說，我們先逐一分析，看看這兩隻煙斗有甚麼不同吧。」桑代克說着，指出了兩隻煙斗的**特點**。

左二的煙斗：煙斗嘴上佈滿牙印，而且還被咬崩了一塊。

中間的煙斗：煙斗嘴上沒有牙印，但斗柄上的銀圈卻變黑了。

「這表示甚麼？」老船長問。

「這表示，左二那隻的主人傑弗利有一副很**健康的牙齒**。而且，他應該是個**脾氣暴躁**的人，否則抽煙斗時不會那麼用力地咬煙斗嘴。」桑代克答道，「與此相反，中間那隻的主人是個**小心謹慎**的人，抽煙斗時不會用力咬，所以沒有留下**牙印**。當然，也可能是他的牙齒已掉光了。」

「那麼變黑了的銀圈呢？有甚麼意思？」

「銀常常接觸空氣中的**硫化氫**，就會變色。不過，這個銀圈變得幾乎全黑了，似乎有點過分。」桑代克分析說，「我看，這是因為直接接觸了**硫化物**的緣故。」

「啊！是那些**火柴**！你說過，那些火柴含有**硫磺**！」猩仔叫道。

「沒錯，托德褲袋裏的那些**紅頭火柴**，足以令煙斗的銀圈變黑。」桑代克說，「此外，托德的牙齒幾乎掉光了，他的煙斗不會留下牙印。」

「啊！這麼說的話，難道這個煙斗是他的？」猩仔緊張地問。

「牙齒掉光的人多的是，不能馬上就說這煙斗是他的。」桑代克說，「不過，我們可以肯定的是，這個煙斗一定不是傑弗利的。所以，下一步就必須問——**它的主人究竟是誰？**」

「是誰？能查出來嗎？」老船長問。

桑代克沒有馬上回答，他從架子上把中間那隻煙斗取下來，用鑷子把斗鉢裏的煙絲挖出來倒在一張紙上，然後說：「塞滿了**粗煙絲**，只是表面的燒過一下，下面的卻沒有被燒過。」

「這又是甚麼意思？」老船長問。

桑代克小心地往**煙斗嘴**裏面細看，並說：「難怪粗煙絲沒有怎樣被燒過啦，原來煙嘴孔被一團**毛絨絨**的東西堵住了。」

他說着，**小心翼翼**地用鑷子把那團東西挖了出來，放在紙上用放大鏡細看。

「是煙絲灰嗎？」老船長問。

「不，是團**塵埃**。唔？但有些**鋸齒形的毛**混在當中，看來像動物的毛，不如用火燒一燒看看。」桑代克說着，挑了幾條出來。

「好的。」老船長劃了根火柴，把它們點着了。

桑代克嗅了嗅，說：「從燒焦的氣味看來，確是**動物的毛**。」

「煙嘴裏為甚麼有動物的毛？」猩仔好奇地問。

「好問題。」桑代克狡黠地一笑，「嘿嘿嘿，看來這些是**鼴鼠**的毛呢。」

「啊！」老船長和猩仔都馬上明白話中的含意。

「這……難道是死者**托德的煙斗**？」老船長問。

「哎呀！原來那個人來過這裏！」猩仔興奮地叫道，「**哇哈哈！**我就說過，這是**兇殺案**！我太厲害了！」

「傻瓜！你那麼興奮幹嗎？」老船長「**咚**」的一下，把煙斗往猩仔頭頂一敲，罵道，「你很想有兇殺案嗎？」

「我只是說出事實罷了！」猩仔高聲反駁。

「豈有此理，還敢駁嘴！」老船長再罵。

「不，猩仔說得有理。」桑代克幫腔道，「你看，這煙斗裏的煙絲，與托德那煙草袋的**煙絲**是一樣的。綜合起來，這煙斗有五個地方令人聯想到托德。」

① 托德前排的牙齒都掉了→煙嘴上沒有牙齒印
② 托德口袋有幾根含硫磺的紅頭火柴→煙斗柄上的銀圈在硫化物腐蝕下變黑了
③ 托德的煙草袋是鼹鼠皮製的→煙嘴孔的塵埃中有些鼹鼠毛
④ 托德的煙草袋內裝的是粗煙絲→斗鉢內的也是同類的粗煙絲
⑤ 托德失蹤了幾天→從煙斗發霉的程度看來也只是放在這裏幾天

「此外，托德口袋裏的煙斗卻佈滿**牙齒印**，這顯示那不是他自己的。但大海茫茫他如何得來那煙斗？除非他曾登上了一艘船或者一座燈塔。還有，從他額頭上傷口黏着的**藤壺**和**龍介蟲棲管**的碎片看來，他登上的不是船而是燈塔，因為只有從燈塔墜下，額頭才會撞到**燈塔椿腳**上的那些東西。」桑代克一頓，眼底閃過一下寒光，「而更具決定性的是，托德的刀不見了。**無獨有偶**，傑弗利的前臂卻被割傷了。所以，托德登上的極可能就是這座燈塔！」

「啊！這麼說的話，那個傑弗利就是兇手了！」猩仔兩眼發光，「爺爺！抓兇手！**我們快抓兇**

手吧！」

「哎呀，猩仔你先別吵！」老船長罵了一句，皺起眉頭向桑代克說，「你的分析很有道理，但現在找到的都是**間接證據**，俺總不能憑一個煙斗就下令抓人吧？」

「李船長，你說得對。」桑代克說，「所以，我們還要到處搜查一下，看看能否找到更多**線索**。」

就在這時，燈塔主管史密斯突然走進來說：「李船長，剛才載你們來的汽艇回來了，還拖着一隻**小船**！」

「甚麼？」李船長嚇了一跳，「不會是托德那隻小船吧？」

「**哇哇哇**，不得了！不得了！小船！小船！我要下去看看小船！」猩仔**手舞足蹈**地奔向樓梯。

「咱們也趕緊去看看吧。」李船長說。

「好的。」桑代克嘴角泛起一絲微笑。他心中暗想，時間剛剛好，一切都在計算之內。

桑代克和老船長隨史密斯急步走下樓梯，來到了下層的圍廊。

「真的有隻小船呀！」猩仔已興奮地向着海面**大叫大嚷**。

桑代克往欄杆瞥了一眼，與上層圍廊一樣，他發現有些地方也髹上了新的**油漆**。而且，他看到傑弗利早已狀甚驚訝地站在欄杆旁，似乎並不相信小船竟會重現眼前。

於是他悄悄地走到傑弗利身旁，**出其不意**地問：「那是你曾看到的小船嗎？」

「**啊！**」傑弗利赫然一驚，他

回過神來，慌忙答道，「當……當時很**大霧**，我……我看得不太清楚，或許是，也或許不是。」

汽艇駛近後，有個水手跳到小船上，把它划到燈塔下面。

老船長高聲喊問：「哪來的小船？是托德的嗎？」

「不知道啊！剛才碰到一條漁船，他們說看到這隻小船擱在**淺灘**上，我們覺得可疑，就把它拖來給你看了！」汽艇上的水手高聲回話。其實，這也是桑代克的安排，他早已打撈到小船，並預先拖到淺灘，然後命手下伺機向港務局通報。

「可疑？有甚麼可疑？」老船長大聲問。

「我們在船下面找到**塞子**，很明顯是被人故意**拔**出來的！」水手喊道，「更奇怪的是，中間的船板上插着一把**刀子**，而且插得很深！」

「甚麼？」老船長大驚，「快把刀子拿上來給咱們看看！」

「知道！」水手喊了一聲，就沿着梯子攀上來了。

「就是這把。」水手把刀子遞上。

老船長接過刀子看了看，向桑代克問道：「你怎樣看？」

「大小跟那**刀鞘**一樣，看來這是**托德的刀**。」桑代克假裝思考了一下，向水手問道，「你說在船板上插得很深，究竟有多深？」

「大約1吋。」

「**1吋！**那要用很大力氣才能插得那麼深啊。」史密斯非常驚訝。

「可是，托德為何要把刀插在船板中間呢？」老船長摸不着頭腦。

「所以，刀未必是托德插上去的。」桑代克說。

「那麼，是誰插的？」老船長問。

「不是人插的。」桑代克眼尾往傑弗利看了一下，「我認為，它是從**高處掉下**，剛好插在船板上的。」

「從高處掉下？」史密斯詫然，「你的意思是？」

「我的意思是——」桑代克大手一揮，指向正面的**欄杆**說，「托德在那裏與人爭執，被打脫了的刀飛墮而下，剛好插在船板上。」

「甚麼？你的意思是，托德曾上過這座燈塔？」史密斯**錯愕萬分**。

「沒錯！」桑代克**斬釘截鐵**地說，「而且，托德是被人用力一推，撞到欄杆上，然後才越過**欄杆**掉到海裏去的！」

「胡扯！」突然，在旁的傑弗利**目露兇光**地叫道，「我不是說過，托德的小船根本尚未接近燈塔，就在濃霧中消失了嗎！」

「嘿嘿嘿，你可以說我胡扯，但欄杆不會說謊。」

「**欄杆？**你想說甚麼？」傑弗利怒問。

桑代克沒理會他，轉過頭去向老船長說：「記得托德水手服上的**油漆**嗎？」

「我記得！在後腰的位置上有些油漆的污跡，和這條欄杆一樣，是**灰白色**的！」猩仔搶道。

「啊！」傑弗利臉上閃過一下驚惶。

「猩仔，你記得很清楚呢。」桑代克說，「大家看看，那條欄杆不是剛鬃過油漆嗎？」

史密斯慌忙走過去看了一下，並說：「真的是新鬃過**油漆**呢。」

聞言，傑弗利心虛地退後了一步。

「對了。」那個水手忽然想起甚麼似的說，「船板下還發現了幾袋**沙包**，看來是有人故意讓小船負重，加快它下沉的速度。」

「沙包？」桑代克**煞有介事**地說，「我在上層的圍廊也見到堆放着一些沙包，難道——」

「**呀！**」猩仔突然指向牆邊大叫，「**那兒也有一堆沙包呀！**」

「那……那些只是防水用的沙包罷了。」傑弗利慌忙辯解道。

桑代克走近那堆沙包低頭細看，他突然眼前一亮，指着一灘水跡狀的**污跡**說：「看來，有人不久前搬走了一些沙包呢。」

「啊……」傑弗利不其然地又退後了一步。

「這個案子已**水落石出**，就讓我來重組一下案情吧。」桑代克環視了一下眾人，仿如**親歷其境**似的，把案發經過**娓娓道來**……

事發當晚，托德繫好小船，登上了這座燈塔，遇到了兇手。他走到上層的客廳，取用了**兇手的煙斗**，並把自己的煙斗放在**煙斗架**上。

之後，不知道甚麼原因，他與兇手在這裏發生爭執，更用刀**刺傷**了對方。不過，他的**刀**也被打得飛脫，掉下時剛好插在下面小船的船板上。

糾纏間，他被兇手一推，後腰撞到剛髹了**油漆**不久的欄杆上，然後往海面墮下。但在掉進水之前，他的額頭輕輕擦到了燈塔的**樁腳**，在傷口上黏上了一些**藤壺**和**龍介蟲棲管**的碎片。他在海中掙扎了一會，很快就被水流吞沒了。

25

兇手為了銷毀托德來過的證據，馬上攀下梯子，跳到小船上拔走船板下的**塞子**，並搬下幾個放在圍廊上的防水**沙包**放到船上，確保小船沉到海底去。不一刻，小船一邊下沉一邊隨水流漂走了。

眾人聽完桑代克的描述後，紛紛望向已**面如死灰**的傑弗利。

「**那個兇手──**」猩仔模仿桑代克的語氣，猛地指向傑弗利叫道，「**就是他！**」

「臭小子！你……你別**含血噴人**！」傑弗利垂死掙扎，「托德沒有來過，你們無中生有，而且我不認識他，我與他**無怨無仇**，為甚麼要殺死他！」

「嘿嘿嘿，殺人需要仇怨的嗎？」桑代克冷笑道，「人們常常因為無謂的爭執，**一時衝動**之下就犯下殺人罪。看來，你也是呢。不然，你的前臂又為何會留下**刀傷**？」

「胡扯！你找不到動機就亂說，簡直放屁！」傑弗利怒號，「托德沒有來過！我沒有殺人！你剛才說的純粹是**臆測**，不能成為證據！」

「是嗎？」桑代克**成竹在胸**地說，「你曾說過，托德帶着一個兩側有鐵環的**木箱**吧？只要在這裏找到那個木箱，看來就能成為證據呢。」

「好……好呀！你找吧，找到就是證據！」傑弗利雖然**心虛**，卻嘴硬地說。

「好！咱們到處搜搜！」老船長下令。

「且慢。」桑代克揚手制止，「他懂得把小船弄沉，又怎會把木

箱留在燈塔內。如果我是他，最簡單的方法，是把它**丟到海裏**去。如果木箱裏載的是重物，應該還在燈塔下面。要搜的話，就先搜燈塔下的**水底**吧。」

「好！」水手說，「現在水流不急，讓我潛下去看看吧。」說完，水手脫掉衣服攀下梯子，然後縱身一躍，就潛到水底去了。

這時，傑弗利**如坐針氈**似的，不安地看着水手潛下的海面。

不一刻，「噗咚」一聲響起，水手的頭冒出來並叫道：「找到了！是有兩個鐵環的箱子！」

「啊！」傑弗利**大驚失色**。

水手扛着箱子，很快就攀到圍廊上來。

「怎樣？服輸了吧？」桑代克向傑弗利說，「你願意認罪嗎？」

「這……」傑弗利的眼神游移不定，看來正在**挖空心思**找尋開脫的理由。想了一會兒後，他開口辯解說：「我認輸了，是我把他推下海的。因為，那個托德一來到，還沒問過我，就隨手拿了我的**煙斗**來抽，我與他吵起來，他不但不道歉，還用刀砍傷了我的手臂。我為了**自衛**，就用力推開他，誰料他站不穩，晃了兩下就掉到海裏去了。事情就是這樣，那是自衛，我臂上的**刀傷**就是證據。我已說過，我不認識他，與他**無怨無仇**，怎會無故殺死他。」說着，他解開繃帶，向眾人展示了刀傷。

「那麼，你為何不去救他？」桑代克問。

「水流太急了，我跳下海去救他的話，自己也一定會被**淹死**啊。」

「小船呢？你為何把小船弄沉？」

「害怕呀！我怕被控**誤殺**，為了消滅證據，只好把船弄沉。」

「所以，你把他帶來的箱子也扔下海？」

「是的。」

「你知道箱子裏裝的是甚麼嗎？」

「箱子上了鎖，我沒時間打開來看。」

桑代克轉過頭去問老船長：「可以打開來看看嗎？」

「當然可以，這是**證物**，反正都要打開來看的。」老船長說完，就命水手找來工具，把箱蓋撬開了。

箱中除了一些日用品外，還有一個燈台、一隻扳手和**六七本書**。

「托德先生原來是個有文化的人，他喜歡看書呢。」桑代克說着，隨手拿出一本書翻開，卻沒料到書中掉下了一張手掌大小的**雙人肖像畫**。

「唔？是**鉛筆**畫的呢。」猩仔撿起畫來看，「一個是托德自己，另一個……唔……怎麼這個人好像在哪裏見過。」

「別亂說，怎可能？」老船長奪過畫來看。

「呀！我知道！我知道了！」猩仔抬頭指着傑弗利，「**是他！他就是畫中的人！**」

「甚麼？」傑弗利大驚。

老船長看了看畫，又看了看傑弗利，立即瞪

大眼睛叫道：「猩仔說得沒錯，畫中人就是他！」

「**豈有此理！**」傑弗利出其不意地用力一蹬，轉瞬間已閃到猩仔身後，用臂彎箍着猩仔的脖子大叫，「不准輕舉妄動！沒錯，我認識托德，他出賣了我，我沒法不殺他！」

「你想怎樣？快放開小孩！你以為還逃得了嗎？」桑代克喝道。

「事到如今，逃不了也得逃！」傑弗利怒吼，「我要你們把我送上岸！否則就把這小屁孩的脖子**擰斷**！」

「**千萬不要！**」老船長慌了。

「那麼就快下令！叫水手準備，把我和這小屁孩送到汽艇上去！」

（下回預告：猩仔被脅持，桑代克（唐泰斯）等人束手無策！但在千鈞一髮之際，猩仔竟作出令人目瞪口呆的行動！傑弗利（費爾南）命運的結局終於來臨！）

巧手工坊 會變形的紙機械人

頑皮貓成功研發出變形機械人!?但仔細一看，它只是一個紙模型，究竟頑皮貓如何用紙摺出變形機械人？你也跟着頑皮貓動手做吧！

親子

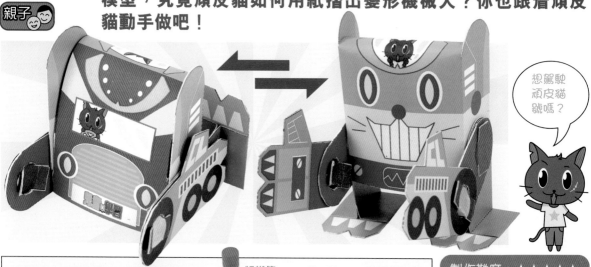

想駕駛頑皮貓號嗎？

所需材料 p.31、33 紙樣

漿糊筆　　美工刀　　＊使用利器時，須由家長陪同。

製作難度：★★☆☆☆
製作時間：45 分鐘

製作流程

1 沿黑線剪下紙樣，並按類分成以下5份。

機械人／車頭　　手臂　　手　　腳　　十字關節

2 逐一將手、手臂和十字關節沿虛線向內摺，然後黏好。

 手
 手臂
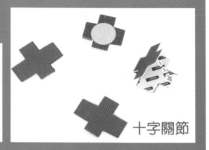 十字關節

3 沿腳掌虛線向內摺，黏好後，如圖摺腿部的虛線，再用漿糊筆將兩部分合併。另一邊同樣做法。

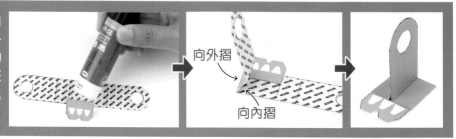
向外摺
向內摺

④ 如圖將機械人 / 車頭黏好。另一邊同樣做法。

⑤ 先將手和手臂組合起來，用黑色十字關節穿過圓孔固定。另一邊同樣做法。

⑥ 按次序組合，將腳和做法 ⑤ 放在做法 ④ 圓孔上，套入粉紅色十字關節固定好。另一邊同樣做法。

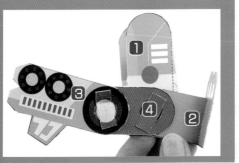

完成！

製作小貼士

左手　　右手

①組合時要注意左右手的方向。

長

②要將十字關節長的一邊套進圓孔內，否則接合位會鬆掉。

十字關節

沿黑線剪下 ——————　沿虛線摺 - - - - - - - - -　裁走部分 ⬭　黏貼處

右手

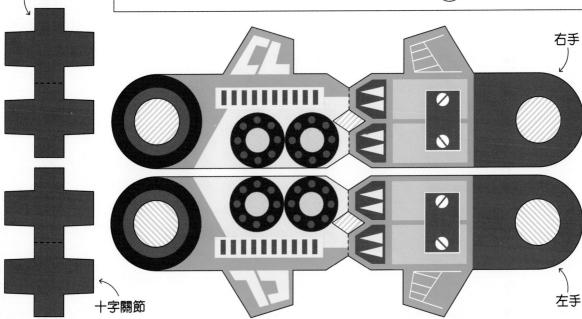

十字關節

左手

31

由機械人變貨車的過程

1 將原本在背面的貨車轉至正面。

2 向後抬高機械人的雙腿,平放雙手。

3 逆時針方向扭動雙手。

完成出發!!

正面

背面

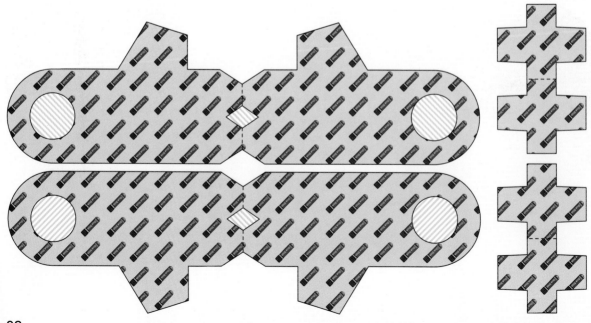

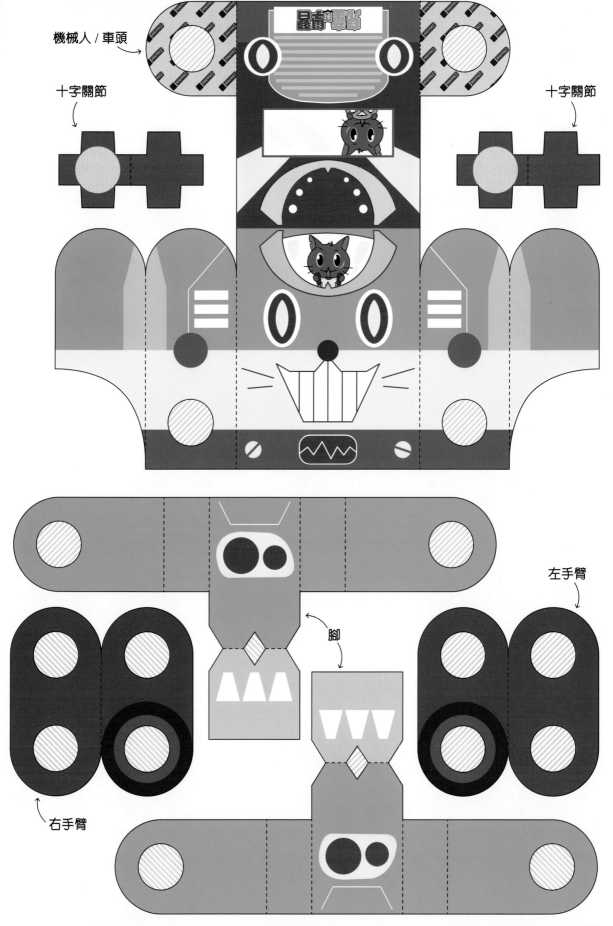

機械人 / 車頭

十字關節

十字關節

左手臂

右手臂

腳

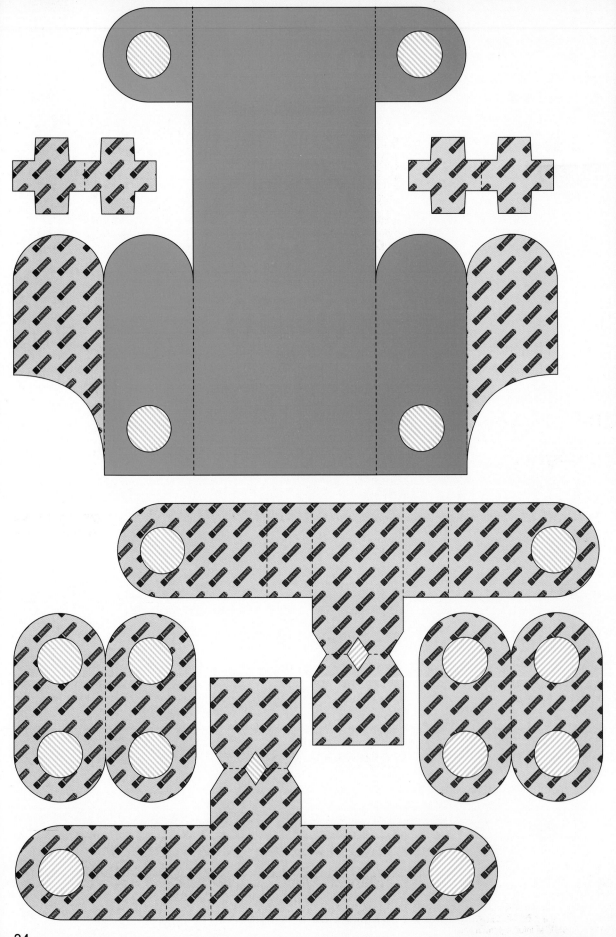

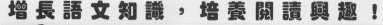

成語小遊戲

語文

今期《大偵探福爾摩斯》M博士外傳中，法醫桑代克再次登上燈塔，還與老船長和猩仔一同推理破案。追看故事之餘，也不要忘記學習以下的成語啊！

〔急不及待〕

情況危急得不能再等待，多用作形容焦急的心情。

回到客廳後，猩仔馬上跑過來，**急不及待**地問道：「桑代克先生！你剛才拚命問煙斗的事，已問出了甚麼嗎？」

不少成語用來形容人的心情，你懂得以下幾個嗎？

喜悦之情在眉宇間顯露。

心情如盛開的花朵般燦爛。

既高興又難過，心情激動。

細小的芒刺扎在背上，形容內心非常不安。

〔手舞足蹈〕

手腳亂舞，形容非常高興的樣子。

「甚麼？」李船長嚇了一跳，「不會是托德那隻小船吧？」

「哇哇哇，不得了！不得了！小船！小船！我要下去看看小船！」猩仔**手舞足蹈**地奔向樓梯。

以下成語都跟手有關，你懂得用「無策、旁觀、棋逢、好閑、於人」來完成以下句子嗎？

①這場乒乓球決賽，兩人實力相當，可謂□□敵手，要分出勝負也不容易。

②正當大家束手□□的時候，他適時提出一個應對方法，及時化解危機。

③他事無大小都親自處理，從不假手□□，是我們學習的榜樣。

④陷入財困的弟弟主動向我求助，我又豈能袖手□□。

⑤哥哥畢業後，從未見他積極找工作，整天遊手□□，躲在房間玩遊戲機。

36

〔斬釘截鐵〕

「甚麼？你的意思是，托德曾上過這座燈塔？」史密斯錯愕萬分。
「沒錯！」桑代克**斬釘截鐵**地說，「而且，托德是被人用力一推，撞到欄杆上，然後才越過欄杆掉到海裏去的！」

形容說話和處事都很果斷，絕不拖泥帶水。

很多成語都與「鐵」字有關，以下五個全部被分成兩組並調亂了位置，你能畫上線把它們連接起來嗎？

銅唇 ●　　● 寸鐵
削鐵 ●　　● 銀鉤
手無 ●　　● 無私
鐵畫 ●　　● 如泥
鐵面 ●　　● 鐵舌

〔輕舉妄動〕

未經思考或部署就輕率行動。

「豈有此理！」傑弗利出其不意地用力一蹬，轉瞬間已閃到猩仔身後，用臂彎箍着猩仔的脖子大叫，「不准**輕舉妄動**！沒錯，我認識托德，他出賣了我，我沒法不殺他！」

以下的字由四個四字成語分拆而成，每個成語都包含了「輕舉妄動」的其中一個字，你懂得把它們還原嗎？

輕癡脫定 ＿＿＿＿＿

不舉如淡 ＿＿＿＿＿

兔風妄想 ＿＿＿＿＿

棋心雲動 ＿＿＿＿＿

答案：

斬釘截鐵　手舉足蹈　妄下雌黃
輕描淡寫　如癡如醉　舉世無雙　輕重失常　興風作浪
①手舉足蹈　②舉世無雙　③輕描淡寫　④妄下雌黃　⑤輕重失常
銅唇鐵舌　削鐵如泥　手無寸鐵　鐵畫銀鉤　鐵面無私

37

簡易 小廚神

通識
親子

餐廳經典

製作難度：★★☆☆☆
製作時間：30分鐘
（不包括醃肉時間）

香蒜肉碎意粉

減少外出用餐的日子，也不代表在家不能吃到餐廳菜式。
這道薄餅店的經典意粉，煮法很簡單，自己也可以試做啊！

跟餐廳出品
沒兩樣呢！

掃描 QR Code
可觀看製作短片。

所需材料（約3人分量）

黑胡椒粉
適量

鹽適量

橄欖油適量

蒜粉3茶匙

意粉 150g

急凍雜菜
1飯碗

免治豬肉
80g

火腿3片

蘑菇4粒

免治豬肉調味料

糖1/2茶匙

粟粉1茶匙

生抽1茶匙

---

1 以調味料醃製免治豬肉
（約30分鐘）。

2 火腿切條，蘑菇抹淨後切片，雜菜解凍後沖水。

*使用利器時，須由家長陪同。

3 煮沸水，下一茶匙鹽，放入意粉煮（按包裝袋建議烹煮時間減一分鐘）。

*使用爐具時，須由家長陪同。

4 烹煮意粉同時，熱鑊下油，放入免治豬肉炒熟，盛起備用。

5 用做法4原鑊，放入雜菜、火腿及蘑菇同炒，下鹽、黑胡椒粉及1茶匙蒜粉調味。

6 加入做法4免治豬肉同炒。

7 意粉煮好後瀝乾水分，放入做法6跟配料同炒。

小貼士：如果覺得意粉太乾，可加入2湯匙煮意粉的水同炒。

8 再加入剩餘2茶匙蒜粉調味，然後略為試味，不夠可再酌量加鹽。

完成！

用新鮮蒜蓉代替蒜粉也可以，但味道不及蒜粉濃，要多加一點鹽調味；相反如果選用蒜鹽，就要減少鹽的分量。總之，邊煮邊試味最穩妥。

菇類不可洗只可抹？

廚師一般不建議用水洗菇類，因為會令質感變軟及稀釋其獨有味道，而且菇類吸水力強，用水洗後，炒的時候會容易出水，所以只需以乾布或廚房紙輕輕拭抹表面泥垢便可。

不過也要視乎菇菌的生長環境，人工培養的品種環境潔淨，用布輕拭也可；野生菇菌沾滿泥土和細菌，還是沖洗一下較好。

煮意粉小技巧

❶ 有足夠空間：煮的時候鍋或鑊要夠大，讓意粉有空間翻滾，避免黏在一起。

❷ 下鹽是必須：意粉由小麥粉製成，本身沒味道，煮的時候下鹽可增味。

❸ 注意烹調時間：留意包裝袋上的建議烹調時間（如7分鐘），用沸水煮的時間便減一分鐘（即6分鐘），將剩餘的一分鐘用以炒意粉時使用，便能做到al dente（有嚼勁）的效果。

❹ 無須過冷河：有人認為將意粉過冷河可保持彈性口感，其實效果不明顯，而且放涼了的意粉較難沾上汁醬。

語文題

❶ 英文拼字遊戲

根據下列1~5提示，在本期英文小說《大偵探福爾摩斯》的生字表（Glossary）中尋找適當的詞語，以橫、直或斜的方式圈出來。

K	E	C	N	I	R	E	K	N	A	B	L
I	M	M	U	N	E	X	H	L	N	A	O
L	T	A	M	O	N	C	B	E	E	C	U
M	A	B	E	C	U	L	P	R	I	T	Y
E	S	P	P	U	O	V	F	E	R	E	N
R	E	T	R	E	A	T	F	N	O	R	C
N	L	I	U	G	E	S	E	O	C	I	S
I	Y	O	T	F	D	I	A	S	T	A	L
C	M	N	E	S	F	T	S	Y	U	D	Y
T	E	L	O	I	L	Y	K	T	R	E	M

例（名詞）罪魁禍首

1.（名詞）細菌
2.（形容詞）好管閒事的、愛打聽的
3.（形容詞）空氣不流通的
4.（形容詞）免疫的
5.（動詞）撤退、離開

❷ 看圖組字遊戲 試依據每題的圖片或文字組合成中文單字。

例

岩

a

_____

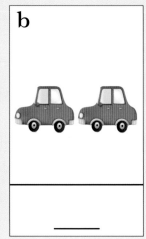

b

_____

c

_____

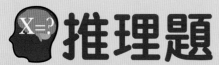

推理題

❸ 書店的位置

活潑貓想到新開的書店看書，但不知道它的正確位置，你能根據以下線索，找出A~D哪間是書店嗎？

A	麵包店	B
C	D	文具店

1 麵包店的旁邊是花店。

2 糖果店和書店在同一側。

3 精品店的對面是糖果店。

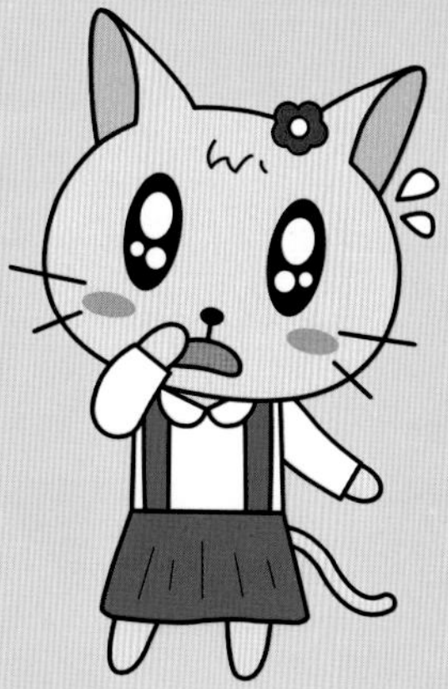

數學題

❹ 花園的面積

頑皮貓用圍欄把花園分成兩邊，每邊都有一棵樹和一間小屋，但問題羊卻覺得不是均分，你能計算出兩個花園的面積嗎？

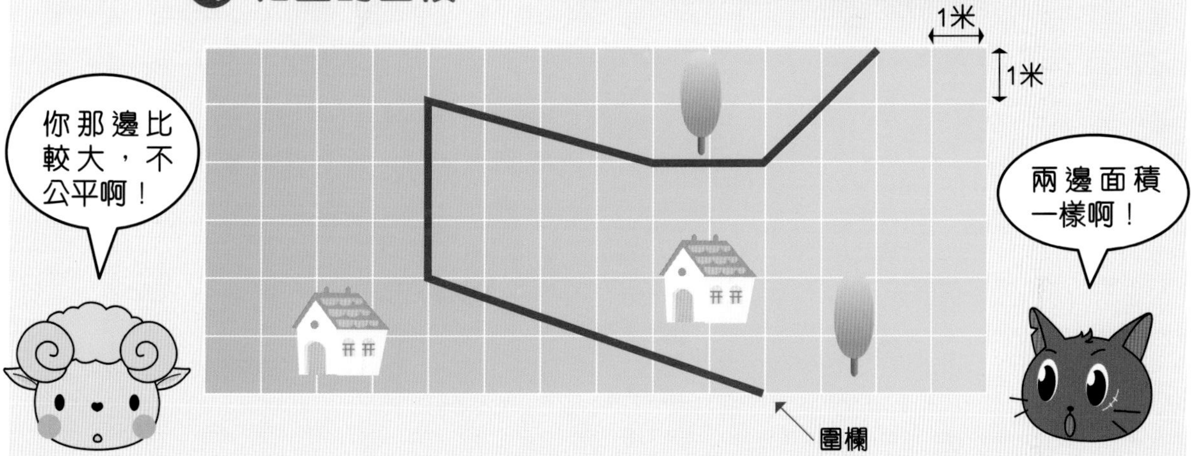

1米
1米
圍欄
你那邊比較大，不公平啊！
兩邊面積一樣啊！

答案

1.

K	E	C	N	I	R	E	K	N	A	B	L
I	M	M	U	N	E	X	H	L	N	A	O
L	T	A	M	O	N	C	B	E	E	C	U
M	A	B	E	C	U	L	P	R	I	T	Y
E	S	P	P	U	O	V	F	E	R	E	N
R	E	T	R	E	A	T	F	N	O	R	C
N	L	I	U	G	E	S	E	O	C	I	S
I	Y	O	T	F	D	I	A	S	T	A	L
C	M	N	E	S	F	T	S	Y	U	D	Y
T	E	L	O	I	L	Y	K	T	R	E	M

2. a鰓　b輛　c孟

3. 正確答案是D。

A 精品店	麵包店	B 花店
C 糖果店	D 書店	文具店

4. 兩邊花園的面積都是42平方米，所以頑皮貓是正確的。

正文社 RIGHTMAN Publishing Limited

網上訂閱兒童的科學及兒童的學習，方便又容易！

網上書店訂閱步驟

1 登入www.rightman.net 網頁。在網頁右上角按「Menu符號」內選擇「登入/註冊」，進入會員登入畫面。

2 首次購物請選擇「會員註冊」。註冊時，密碼須由6個或以上的數字或字母組成。註冊完成後，請待收到確認電郵，激活帳號後才正式生效。會員日後只需用相同電郵及密碼便可進入訂閱版面。

3 會員登入後，便可繼續在「Menu符號」內選擇「訂閱雜誌」，訂閱兒童的科學或兒童的學習。

4 選擇取書地點及填寫訂戶資料後，核對購書資料無誤，便可按「結算」繼續。

5 付款方法

可選信用卡Visa、Master-Card、PayPal、FPS、PayMe、銀行轉帳或支票進行付款，交易完成後，會收到一封確認收到訂單的電郵。

6 本公司確認款項收妥後，你會收到發貨通知書，在指定日期內收到訂購書籍或訂閱雜誌的換領券。

SHERLOCK HOLMES

大偵探福爾摩斯

The Dying Detective ②

Sherlock Holmes
London's most famous private detective. He is an expert in analytical observation with a wealth of knowledge. He is also skilled in both martial arts and the violin.

Author: Lai Ho
Illustrator: Yu Yuen Wong
Translator: Maria Kan

Watson
Holmes's most dependable crime-investigating partner. A former military doctor, he is kind and helpful when help is needed.

Previously : Three dead bodies with blackened skin were all discovered within one day in London's slum area. While investigating on site, Fox touched one of the bodies by mistake and was forced into quarantine. Thrown into panic, the overwhelmed Gorilla had no choice but to seek help from Holmes.

The Serial Killer ②

Watson nodded in agreement and said to Holmes, "As a doctor, I agree with the measures taken by the coroner. We read in the newspaper that the Black Death is already spreading in Hong Kong and India, possibly even carried to London via commercial ships. As an act of **precaution**, immediate **cremation** is the only way to stop a potential **catastrophe**."

"Immediate cremation may be a suitable solution in the prevention of an outbreak, but from an investigation point of view, cremation is the same as destroying important evidence. We can't say for sure now whether or not the three victims had really all died from the Black Death!" said the slightly angry Holmes. He hated it whenever evidence that could help solve a case was destroyed.

Only after listening to Holmes did Gorilla realise how **problematic** the situation had become, "So what can we do now?"

Glossary coroner (名) 驗屍官　precaution (名) 預防措施　cremation (名) 火化　catastrophe (名) 大災難
problematic (形) 困難的

Holmes sighed, "The only thing we can do now is find the answers to these three questions and hope that some *clues* would come to light.

| ①Who were these three victims and what were their occupations? | ②Where had the three victims been before they became sick? | ③Did the three victims all know each other? |

"Okay, I'll look into it right away!" Gorilla jumped up and ran out of the door after dropping those words. Holmes's **query** seemed to have brought some hope to Gorilla. If those three victims really had not died from the Black Death, then it would not be necessary to **isolate** Fox, which meant Fox's mother in the hospital would not be *disturbed*. Gorilla fully understood that the best way to help his partner was to clarify the truth as soon as possible.

"Will we really know whether or not the three victims had died from the Black Death after finding the answers to those three questions?" asked Watson.

"It's hard to say, but answering those questions would *definitely* help us better understand the three deaths," said Holmes as he explained the importance of the three questions.

Glossary clue(s) (名) 線索　query (名) 疑問　isolate (動) 隔離　disturb(ed) (動) 騷擾
definitely (副) 肯定地、毫無疑問地

① Who were the three victims and what were their occupations?

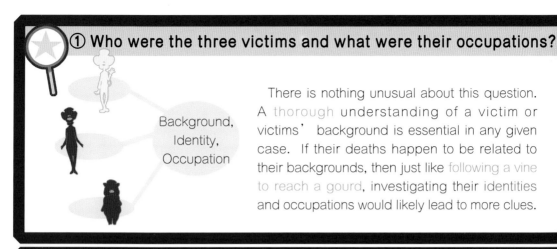

Background, Identity, Occupation

There is nothing unusual about this question. A thorough understanding of a victim or victims' background is essential in any given case. If their deaths happen to be related to their backgrounds, then just like following a vine to reach a gourd, investigating their identities and occupations would likely lead to more clues.

② Where had the three victims been before they became sick?

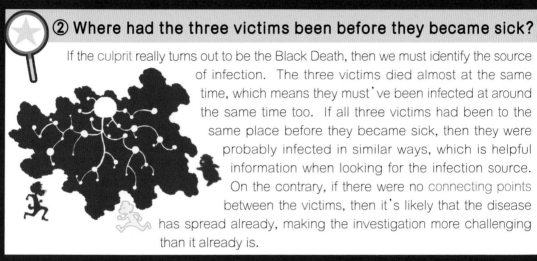

If the culprit really turns out to be the Black Death, then we must identify the source of infection. The three victims died almost at the same time, which means they must've been infected at around the same time too. If all three victims had been to the same place before they became sick, then they were probably infected in similar ways, which is helpful information when looking for the infection source. On the contrary, if there were no connecting points between the victims, then it's likely that the disease has spread already, making the investigation more challenging than it already is.

③ Did the three victims all know each other?

Clarifying this point is very important. If the victims knew each other and had met with each other recently, then it's possible that two of the victims caught the disease from the one already infected. But if this were true, the case would become more complicated since we have no way of knowing now which one of them was first infected, given that the bodies are all cremated, and a lot more time would be needed to identify the infection source.

"I see." Watson could not help but praise Holmes's intellect, "You are even more insightful than a doctor when it comes to investigating the deaths of an infectious disease."

"Your words are too kind, my dear Watson. Actually, all I'm doing is treating

---

Glossary thorough (形) 徹底的、透徹的、全面的　following (follow) a vine to reach a gourd (片語) 順藤摸瓜 identities (identity) (名) 身份　culprit (名) 罪魁禍首　connecting point(s) (名) 交接點　intellect (名) 聰明才智 infectious disease (名) 傳染病

the infectious disease as a murderer. The method that I've told you just now is similar to the method of investigating a serial killer, because there are many common points between the two," said Holmes with a shrewd chuckle.

"There are many common points between the two?" Only then did Watson finally understood Holmes's reasoning as the common points between the Black Death and a serial killer appeared in his mind.

★The Black Death kills many people continuously. A serial killer, as the name suggests, kills people repeatedly.

★The Black Death kills with deadly 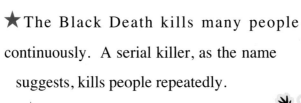 through infecting people in similar manners. A serial killer tends to employ the same kind of methods and use the same kind of weapons in his or her series of murders. So a serial killer who stabs with a knife will tend to use knives in all the murders and one who shoots with a gun will keep on using guns.

★Victims of the Black Death are similar in the sense that they have all been to places infected with the bacteria, they have weak immune systems and have difficulty fighting off diseases, they know each other whether directly or indirectly, so forth and so on. The victims of a serial killer are similar because serial killers tend to choose the same type of people as their targets. A serial killer who murders prostitutes will keep on targeting

Glossary   bacteria (名) 細菌   stab(s) (動) 刺   immune (形) 免疫的

prostitutes. One who murders women will keep on targeting women. One who murders children will keep on targeting children. Or if a serial killer is easily **triggered** by the colour red, this killer might target people wearing red clothes.

As Watson **wrapped up** his thoughts, he was overwhelmed with a sense of joy in realising the whole picture. He turned to Holmes admiringly, "I see what you mean now. It's as though the three victims were killed by a serial killer named 'Black Death'. And to chase after this serial killer, we must first find the answers to those three questions!"

"**Precisely**. It's as simple as that."

"What should we do next then?" asked Watson.

"We wait. It's late at night now. Before Gorilla comes back with the answers, the only thing we can do is wait."

"Too bad I need to go to Paris tomorrow to attend a conference at a university for a few days and can't follow through with this case," **groaned** the annoyed Watson.

"Gorilla and I will **get to the bottom of** this. Don't worry, Watson. Just enjoy your trip." On that note, Holmes let out a lazy yawn as he headed back to his room and went to bed.

The Fourth Victim

Early next evening, Alice came up to the front door of 221B Baker Street with a telegram in her hand. Holmes cringed his eyebrows as soon as he saw her, "Why are you here again?"

Readers familiar with Alice should know well that although our great detective was **renowned** for his fearlessness, Alice was probably the one person in this world he feared most. The daughter of the landlady's relative, Alice often came over to stay with the landlady for a few days during her school holidays. And her showing up at Holmes's front door usually meant she was helping the landlady to chase up Holmes for his overdue rent.

Just one look at his face and Alice knew exactly what Holmes was worried about. With a big friendly smile, Alice said, "Don't worry, Mr. Holmes, I'm not here for your overdue rent." She then handed the telegram to Holmes.

"A telegram? For me?"

"Yes. The landlady asked me to bring it to you."

Holmes opened the telegram immediately.

A **grim** expression came over him after reading the telegram:

Another victim has been discovered. Please come onto the Wales Freight by Greenland Dock as soon as possible.
Gordon Riller

"Another victim?" Holmes muttered under his breath.

"What is it? What victim?" asked the curious Alice as she *stretched* her neck to peek at the telegram.

"Mind your own business, **nosy** girl! Off you go! Shoo! **Begone**!" ordered Holmes sternly, frantically stuffing the telegram into his pocket as he tried to send Alice away.

"Okay. **Chill out**! Just asking a question," grumbled Alice as

Glossary grim (形) 沉重的、嚴肅的　mutter(ed) (動) 喃喃自語　stretch(ed) (動) 伸出
nosy (形) 好管閒事的、愛打聽的　begone (感嘆) 走開　chill out (片語動) 冷靜、不用緊張　grumble(d) (動) 抱怨、發牢騷

she walked off.

After Alice was gone, Holmes put on his coat and left Baker Street right away.

An hour later, Holmes's carriage pulled up to Greenland Dock, the largest port in London. Holmes quickly hopped off and spotted the Wales Freight in no time. Waiting for Holmes beside the cargo ship with a mask on his face was Hippo, the patrol officer whom Gorilla and Fox met yesterday.

"Mr. Holmes, please come this way." Holmes followed Hippo into the large ship. After walking through the meandering corridors inside the ship, they finally reached the cabin that was also the crime scene.

Standing outside the cabin's door in "full gear" was Gorilla with a mask on his face and white gloves over his hands.

"Is the body still inside the cabin?" asked Holmes.

"It's still inside. The coroner wanted to cremate the body straightaway but I stopped him. However, the coroner is only giving us 30 minutes for inspection before taking the body away for cremation," said Gorilla as he handed a face mask to Holmes.

Glossary hop(ped) off (動+介) 跳下　　meandering (形) 迂迴曲折的　　full gear (名) 全套武裝

Holmes put on the face mask then went into the cabin. The room was not as **stuffy** as expected since the round window in the cabin was open. A light, salty-smelling sea breeze was blowing through the window. The evening was closing in and there was not much lighting inside the cabin.

The victim was a short, middle-aged man lying on the single bed. His face looked as though he was still sleeping and there seemed to be no signs of struggle or trauma.

"We've already asked the ship's captain and the sailors to identify the body. The victim turns out to be the owner of this ship. His name is Victor Savage. But none of the men knew why Savage was lying on the bed in this unoccupied room since Savage has his own luxurious suite elsewhere on board," said Gorilla.

Holmes gave a nod to Gorilla then walked towards the dead body cautiously. Holmes took out his magnifying glass to examine the victim's skin more closely then leaned towards the victim's face to look at the cheeks over and over again. Under the magnifying glass, Holmes could see that the victim's left cheek had four light scratches. As Holmes continued to inspect the body, some black spots on the floor caught the corner of Holmes's eye, so he knelt down for a better look.

"What is this doing here?" muttered Holmes.

"What is it? Did you find something?" asked Gorilla *eagerly*.

"This looks like **charcoal debris**. An examination

will be needed to confirm," said Holmes as he took a pinch of the black debris on the floor and wrapped it up with a piece of white paper.

"Charcoal debris?" Gorilla thought for a moment before continuing, "There's nothing odd about that. This ship burns coal so it's not unusual if bits of coal were stuck on the bottom of people's shoes then brought into the cabin."

"Are you confusing charcoal with coal? They are two very different things. You can't mix them up," clarified Holmes as he stared at Gorilla incredulously.

"Really? Sorry about that." Gorilla scratched his head in embarrassment as he let out an awkward chuckle. "Is it possible that the victim stepped on some charcoal then brought the debris into the cabin himself?"

Holmes walked to the end of the bed and inspected the bottom of the victim's shoes, "I don't see any signs of the victim having stepped on charcoal, otherwise the bottom of his shoes would show some unique black blotches left by the charcoal."

A gust of wind suddenly blew through the round window. While the cold gave Holmes a little shiver, it also brought Holmes's attention to the window, "Did the police open that window after arriving at the scene?"

"No. According to the sailor who discovered the dead body, that window was already open when he walked into the cabin," replied Gorilla with certainty. "The sailor thought it was strange too. It's been pretty cold lately so the windows shouldn't be open."

After moving his eyes from the dead body to the round window, Holmes cringed his eyebrows and fell into deep thought.

Waiting in silence was simply not in the nature of our impatient Gorilla, so he urged, "Come on, let's clear out of here. The sooner the body is taken away and cremated, the better the chance we have in containing the disease and preventing it from

Glossary pinch (名) 少量、一撮　charcoal (名) 木炭　incredulously (副) 難以置信地　awkward (形) 尷尬的　blotch(es) (名) 污漬、斑點　shiver (名) 冷顫、顫抖

spreading." Actually, it was not Gorilla's impatience but his fear of the disease that was prompting him to retreat at once from the **eerie** cabin.

"Hold on a second. Have you checked if the victim was carrying anything on him?" Holmes turned to ask Gorilla.

"We've checked already. His belongings are in this bag. The only things we found on him are a wallet, a handkerchief, a pocket watch and a set of keys," said Gorilla as he held up a square paper bag.

Holmes took the paper bag and pulled out the items inside. Seeing nothing out of the ordinary about them, Holmes asked, "Was there any cash in the wallet?"

"There were a few 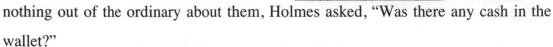banknotes."

Holmes opened the wallet and pulled out the contents for a look. Sure enough, there were a few banknotes inside and nothing else.

"The victim has died from the Black Death. This isn't a robbery gone wrong. It's no use going through his wallet," said Gorilla.

"I know. The money is still in the wallet, which proves that no robbery was involved. I just wanted to see if there are any foreign currencies in the wallet. If so, the victim might have been out of the country recently."

"I think I haven't told you yet," said Gorilla as something suddenly sprang to his mind. "The captain said the victim had just returned from India a little more than a week ago. The disease might've been carried back from India via this ship."

Since India was an infected area of the Black Death, Holmes was taken aback after hearing those words.

"Not only that," added Gorilla. "Remember the three victims that we found yesterday? Those three men were seen near this ship a few days ago."

"What?" uttered Holmes in surprise. "Does this mean the source of the three men's infection was this ship?"

"Looks like it." said Gorilla.

"Were you able to find anything on the three men's identities and backgrounds?"

"Yes. One was an old man who collected scraps for a living. One was a middle-aged bloke who worked as a coolie*. One was a young opium addict. All three men lived alone and had no families to call their own. And they didn't know each other."

"Hmmm…" As Holmes mulled over the information on the three victims, his line of sight returned to the banknotes that were still in his hand. All of a sudden, he stared at the banknotes with his eyes wide open as though something had caught his eye.

"Is something wrong?" asked Gorilla curiously.

"Look here. There are three names on this banknote," said Holmes as he handed one of the banknotes to Gorilla.

Next time on **Sherlock Holmes** — Holmes is in critical condition, but he refuses to let Watson come near him. Instead, he sends Watson to seek medical help from three infectious disease experts. What is the reason behind Holmes's request?

*A coolie is an unskilled and cheaply employed labourer who is originally from Asia. 'Coolie' is now considered to be a derogatory term, but the word was commonly used during the period of the story.

讀者
信箱

科技發展一日千里，以往只在科幻電影中出現的人工智能機械人，不再是空想。當人工智能慢慢融入我們日常生活之中，人類工作會否被取代？我們的未來又會如何？ 《兒童的學習》編輯部

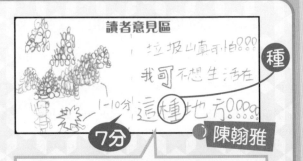

經正文社網上書店訂閱，或將夾在《兒學》內的訂閱表格郵寄到「匯識教育有限公司」也可以。

讀者意見區
如何訂閱兒學
張文星

讀者意見區
垃圾山真可怕888
我可不想生活在
1-10分 這種地方!!!!
種
7分
陳翰雅

保護環境，人人有責。不想在垃圾山生活，就要做好源頭減廢和資源分類回收啊！

插圖畫廊

本期的森巴 讀者意見區
很好看！
胡沚欣

讀者意見區
I LOVE the samba's family!
希望刊登
(1-10)
7分
請平分！♡
趙愷婷
評

7分
1-10分 讀者意見區 希望刊登 刊登！
袁詠芊

讀者意見區
8分
胡皓然

讀者意見區 希望中獎~
加油！
搓手
一起抗疫
林靖
7分
請評分

讀者意見區
鍾承臻
易

教授蛋答問區

Q1 為什麼糞便有軟的，也有硬的；有稠的，也有稀的？
人體未能消化的食物會形成糞便排出體外，由於每個人體質不同，腸道蠕動速度也不同。蠕動得慢，糞便中的水分被大腸吸收，就會變硬；太快的話，糞便還未成形就排出，自然偏稀。我們可透過糞便顏色、形狀、大小和氣味，了解健康狀況，記得在沖水前，觀察一下自己的糞便。健康的糞便呈黃褐色長條狀，軟硬適中，且無味的哦。

提問者：龍湛聰

如果大家有任何疑問，也可寫在問卷上寄回來，讓教授蛋解答。

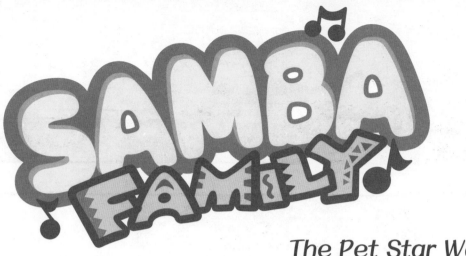

The Pet Star Wars!!

ARTIST: KEUNG CHI KIT
CONCEPT: RIGHTMAN CREATIVE TEAM

哈~

甚麼時候輪到我出場!?

Welcome to the annual "Lovely Pets Carnival"!!

I am the host of the event, Mr. Bean!!

PETS

歡迎來到一年一度的
「可愛寵物嘉年華」!!

寵物

我是活動主持人，
豆先生!!

We will share our experiences and joy of pet-keeping with everyone here.

I hope you will have a great time today!!

我們將會與大家分享
養寵物的經驗和樂趣。

希望大家度過
愉快的一天!!

Now, let's welcome our lovely pet ambassador Samba and his pet to preside over the opening ceremony!!

Bark

現在，有請可愛寵物大使森巴
和他的寵物主持開幕儀式!!

汪

砰—

喵~~~

哈哈~森巴，
你的造型很特別……

你嚇了我
一跳……

我 是 寵 物

他 是 主 人

我 們 一 起 玩

哈哈~~~~~

啪—

啊～～　　　你又虐待動物!?

停!!停!!　　　重來!!　　　重新開始!!

大家好!!歡迎來到
「可愛寵物嘉年華」!!　　　很榮幸請到可愛寵物大使森巴，
與我們分享養寵物的經驗!!

森巴，你通常怎樣　　　哦～～
呼喚你的寵物？

哈……看起來和你的貓真友好!!　他是老虎　哇!!　甚麼!?

虎　丸　　啪啪啪　　咳咳~

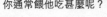

不　過　他　不　會　咬　人　　嗯，原來他這麼溫馴　你通常餵他吃甚麼呢?
是你教導有方……

與貓一樣吃貓糧?　　是　的　很　好　吃　　喂!那些貓糧
不是給你吃的!

59

You ate up the whole box of cat food!!

你吃了整盒貓糧!!

喵～～～　　哇～～～　　真噁心…　　嘔～～～

Tiger-maru

Eat this

Meow~~~

Wah

That's gross...

Yuck~~~

虎丸吃這　　　　　　虎丸給你老鼠

So Tiger-maru likes to eat fresh food... I can tell that he's eating it with relish...

Tiger-maru

Here's a rat for you

That's my pet Hamster Taro! You cannot eat that!!

Eek Eek Eek

Meow~

原來虎丸愛吃新鮮食物……
你看他吃得津津有味……

吱吱吱　　　喵～　　那是我的寵物倉鼠太郎！
你不能吃!!

呀~　　啪—　　夠了!!換個話題吧……

現在，我們來談談吃飽後必做的事……　　倉鼠太郎!!

那就是他們上廁所的習慣!!　　哇~~~

在室內當然容易清潔，　　但如果是在戶外……如何清理寵物的大小便？

有很多簡單的方法。首先，準備一些報紙……

與 一 坨 糞 便　　這只是示範，我們不需要真的糞便!!

呸~~~~~ 讓螞蟻移走糞便!? 非常方便…… 我明白了,你想示範如何 清理寵物的大小便……

哈~ 嘩~太神奇了!!

看!!觀眾都喜歡你的 原始方法!!

哈~~

各位,是時候進行交流了!! 耶~~~~~

哈~~~~

喵~~ 　　　　　别 跑

你好型

Because of Samba, this carnival has become livelier!!

Haha~

Yeah~~

And Tigermaru looks like a pet star now!!

因為森巴，令這個嘉年華變得更熱鬧!!　哈哈~　　耶~~　　虎丸愈來愈像寵物明星!!

Speaking of pet star, they won't want to miss me!

説到寵物明星，又怎能少了我！

Hi everyone!! We are the participant No.2, Johnny & Bobby!!

Do you still remember me!? Don't you miss me a lot!?

Participant No.2? Are we holding a competition or something!?

大家好!!我是2號參賽者，莊尼和波比!!　　你們還記得我嗎？想我嗎!?　　2號參賽者？我們舉行比賽嗎!?

La La La~~~

La~~~

啦啦啦~~~　　啦~~~

Ha Ha~~~~

Ha~~

哈哈~~~~　　哈~~

Thank you!!

Ha~~

Does this uncle think of himself as a superstar?

But his dog is so cute!!

這個阿伯當自己
是超級巨星嗎?

不過他的狗真可愛!!

Mr. Bean you can consider us as the new lovely pet ambassadors!!

Look at my Bobby, he's so adorable and clever!!

Wahh!!

豆先生,你可以考慮找我們
當新的可愛寵物大使!!

看看我的波比,
多麼可愛和聰明!!

哇!!

If Bobby becomes a pet star, he will be featured in many TV ads and movies,

by then, I would have a large fortune to buy a big house and live with him for the rest of my life!!

如果波比成為寵物明星,他將會
拍攝很多電視廣告和電影,

到時,我就有一大筆錢買大屋,
與他一起度過餘生!!

It's not easy to become a pet star, is your Bobby as talented as Tiger-maru!?

Of course!!

要成為寵物明星並不容易,你的
波比是否像虎丸一樣多才多藝!?

當然!!

Bobby!!

Catch the bone and return it to me!!

波比!!

去把骨頭撿回來!!

汪汪汪~~~   汪汪~~~

嗯，你怎樣解釋？   哈哈，如你所見，其他   只有波比悠閒地留在原地，
                              寵物都衝去撿骨頭……   他是不是很特別呢……!?

沉默和冷靜就是他最大的魅力，   呵~~~
呵呵呵!!

嘿　哇~森巴！你做甚麼!?　嗖—

抓 他 帶 回 來

哈~~~　　　謝 謝　　哈哈哈~　多麼精彩的表演!!　神奇的螞蟻!!

這些螞蟻也是　　哈~　　　朋 友　　螞蟻明星!?
你的寵物嗎!?

說到寵物明星，　又來!?
又怎可以少了我~

67

Hello everyone!! I am the handsome and extraordinary prince of the phoenix tribe!!

Don't you guys simply miss me!?

Who on earth is he!? How awful-looking...

......

Here came another fool...

大家好!!我是鳳凰族英俊不凡的王子!!

你們想我嗎？

他到底是誰!? 造型真可怕……

又來了一個傻瓜……

Humph~ It's ok if you don't remember me,

but you must recognize this phoenix...

She is the No.1 pet star of the African phoenix tribe!!

Her name is "Kut Kut"!!

哼~ 你們不記得我，沒關係，

但你一定認得這隻鳳凰……

她是非洲鳳凰族寵物明星第一名!!

她叫「谷谷」!!

Kut Kut, please perform your special skill!!!

Kuuut~!!

......

SWISH

谷谷，表演你的絕技!! 哈~!! 沙一

Isn't her earthworm-catching skills so fantastic!?

Please queue up~

Come on!! Everyone grab one and bring it home to cook!!

Yikes~?

My phoenix will replace you as the next shining star!!

. . . . .

她捉蚯蚓的技能
是不是很棒呢!?

請排隊~

來吧!!每人拿一條，
帶回家煮來吃!!

嘔~~

我的鳳凰將會取代你們成為下一個
閃亮明星!!

You want to be pet star!? You'll have to ask my No No first!!

你想做寵物明星!?
先問過我的諾諾!!

Hi everyone!! We are participant No.4 Roll Taro and my clownfish, No No!!

Nice to meet you all!!

What is your fish's skill!?

No.4!?

大家好!!我們是4號參賽者
手卷太郎和小丑魚諾諾!!

初次見面你好!!

4號!?

你的魚有甚麼
技能!?

No No!! Show them!!

Come on, look at your owner now!!

That's it!! Ready... 1,2,3...!!

諾諾!!快表演!!

來吧，看你的主人!!

就這樣!!準備⋯⋯
1，2，3⋯⋯!!

Haha~ Isn't he so adorable!? Good Boy!!

哈哈~他是不是 好孩子!!
很可愛呢!?

No matter how cute he is, he can't match my sparrow!!

CLANK

不管他多可愛，都比不上
我的麻雀!!

呸一

I am a fortune teller, and this is my pet sparrow, Mystic!!

Other than being cute, she knows how to tell your fortune!!

我是算命先生，這是我 除了可愛之外，
的寵物麻雀，玄天!! 她還懂得占卜運程!!

Is she really amazing!? The other pets are really boring compared to her!!

很神奇嗎!?與她相比，
其他寵物真的很無趣!!

My e-pet Tama Piku-1000 is the real pet star!!

Piku

This is the future of pet keeping!!

......

我的電子寵物多摩比谷-1000
才是真正的寵物明星!!

比谷   這就是養寵物的未來!!
我的波比最可愛!!

How can it be a pet!? It's not even a living thing!!

Quickly buy a new fish tank for me!!

My Bobby is the cutest!!

My Mystic is beyond compare!!

E-pet is the future!!

Hey gentlemen, this is the pet carnival, not a pet star competition!!

它怎會是寵物!?
它甚至不是生物!!

我的玄天
無與倫比!!

快給我買一個
新魚缸!!

電子寵物才是
未來!!

先生們,這是寵物嘉年華,
不是寵物明星比賽!!

BANG

Ouch~~~

Let's see whose pet is the most popular!!

Bring it on!!

砰—

哎喲~~~

看看誰的寵物最受歡迎!!   放馬過來!!

我的諾諾!! 哇~~~ 外星激光!!

他們到底在爭甚麼!? 誰知道……人類真的很奇怪!!

我們去散步，好嗎？ 好啊，走吧!! 完……

兒童的學習 NO.54

請貼上
$2.0郵票

香港柴灣祥利街9號
祥利工業大廈2樓A室
兒童的學習編輯部收

2020-8-15　　▼請沿虛線向內摺。

請沿實線剪下

請在空格內「✔」出你的選擇。

問卷

有關今期內容

Q1：你喜歡今期主題「破解機械人的秘密」嗎？
01 □ 非常喜歡　　02 □ 喜歡　　03 □ 一般　　04 □ 不喜歡　　05 □ 非常不喜歡

Q2：你喜歡小說《大偵探福爾摩斯──M博士外傳》嗎？
06 □ 非常喜歡　　07 □ 喜歡　　08 □ 一般　　09 □ 不喜歡　　10 □ 非常不喜歡

Q3：你覺得SHERLOCK HOLMES的內容艱深嗎？
11 □ 很艱深　　12 □ 頗深　　13 □ 一般　　14 □ 簡單　　15 □ 非常簡單

Q4：你有跟着下列專欄做作品或遊覽嗎？
16 □ 巧手工坊　　17 □ 簡易小廚神　　18 □ 沒有製作

讀者意見區

快樂大獎賞：
我選擇 (A-I)

只要填妥問卷寄回來，
就可以參加抽獎了！

感謝您寶貴的意見。

請沿實線剪下

讀者資料

姓名：		男 女	年齡：		班級：

就讀學校：

聯絡地址：

電郵：	聯絡電話：

你是否同意，本公司將你上述個人資料，只限用作傳送《兒童的學習》及本公司其他書刊資料給你？（請刪去不適用者）

同意/不同意　簽署：＿＿＿＿＿＿＿＿＿＿　日期：＿＿＿＿＿年＿＿＿月＿＿＿日

讀者意見收集站

A 學習專輯：破解機械人的秘密
B 實戰寫作教室：
　厲河老師的實戰寫作教室
C 快樂大獎賞
D 大偵探福爾摩斯──
　M博士外傳 ⑪煙斗的秘密
E 巧手工坊：會變形的紙機械人
F 成語小遊戲

G 簡易小廚神：
　餐廳經典香蒜肉碎意粉
H 知識小遊戲
I SHERLOCK HOLMES：
　The Dying Detective②
J 讀者信箱
K SAMBA FAMILY：
　The Pet Star Wars!!

＊請以英文代號回答 Q5 至 Q7

Q5. 你最喜愛的專欄：
第 1 位 19＿＿＿＿＿＿　　第 2 位 20＿＿＿＿＿＿　　第 3 位 21＿＿＿＿＿＿

Q6. 你最不感興趣的專欄：22＿＿＿＿＿＿　原因：23＿＿＿＿＿＿＿＿＿＿＿

Q7. 你最看不明白的專欄：24＿＿＿＿＿＿　不明白之處：25＿＿＿＿＿＿＿＿＿

Q8. 你覺得今期的內容豐富嗎？
26☐很豐富　　　27☐豐富　　　28☐一般　　　29☐不豐富

Q9. 你從何處獲得今期《兒童的學習》？
30☐訂閱　　　31☐書店　　　32☐報攤　　　33☐OK便利店
34☐7-Eleven　　　35☐親友贈閱　　　36☐其他：＿＿＿＿＿＿＿＿

Q10. 你喜歡甚麼類型的玩具？（可選多項）
37☐科學實驗　　38☐棋類遊戲　　39☐益智遊戲　　40☐平面或立體拼圖
41☐創意工藝　　42☐玩偶模型　　43☐遙控玩具　　44☐電子科技玩具
45☐動漫精品　　46☐其他：＿＿＿＿＿＿＿＿＿＿＿

Q11. 你還會購買下一期的《兒童的學習》嗎？
47☐會　　　48☐不會，原因：＿＿＿＿＿＿＿＿＿＿＿